請酌復進取舊額疏

蔣超

題爲請酌復進取舊額，以鼓勵人才事。臣聞先臣張瑛有言，人才氣運，相爲消長，不可預爲額數。蓋有無才之日，尚思多方設法以羅致之，未有人才正當極盛，反拘泥常格，不大開功名之路，以延納之也。我國家以制科取士，二十餘年，化育弘深，人才繁盛。順治初年，歲科兩試，每次大學入學多至五六十名，嗣後漸減漸縮，府學二十名，大學十五名，小學八名、六名不等，又并歲科爲一考，雖由慎惜名器之意，然查近來各學屢經歸并，如河間府學，將長蘆運司、河間衛、忠順童

三處歸并矣。青縣學，將典、濟、彭城守禦三處歸并矣。永平府學，將遼學、永平衛二處歸并矣。延慶州學，將永寧、懷柔二處歸并矣。其兩學并爲一學者更多。又初定大、小學時，有司恐一當大縣，凡大兵供億，夫馬支應，俱比隣邑加增數倍，寧認中、小，不肯注爲大學。如保定府之束鹿縣屬祁州，高陽縣屬安州，何以縣稱大學，州反稱中學。廣平府之邯鄲，糧里多於肥鄉；真定府之柏鄉，賦役衡煩，十倍隆平、寧晉；何以邯鄲、

〔襄照〕順天府志　卷之八

北京實業彙志

柏鄉爲中，不得與肥鄉、隆平、寧晋并稱大學。諸如此類，難以枚舉。最苦者，順天一府向時止是漢人考試，每次尚入一百二十名，今增入八旗，滿洲、蒙古、漢軍，以千餘名之童生，共取六十五名，人多數少，進取萬艱。前臺臣何元英亦嘗言之，未蒙恩允廣額。比臣考後咨呈禮部，祈請代題，蒙部劄付臣，云已經題定，毋容再議。語云：琴瑟不調者，必改而更張之，况進取數目。奉有世祖章皇帝初年定額，今誠取舊章，一率由之，使各州縣大、小學重新酌定，量增取額，網羅恢廣，才智奮庸，成周菁莪，棫樸之盛，不難再見於今日矣。

請停有司責生員疏

蔣超

題爲請停有司責禁生員之例，以培養士氣事。臣聞士爲四民之首，國家元氣所繫，培養之則振拔惕勵，人知自愛。摧折之則卑污垢賤，委靡不振，甘心流入於匪僻而莫之愧。是士之節義、廉耻，實待上有以養之也。順治八年三月，欽飭《學政全書》明載有「府、州、縣提調官員宜嚴束生徒，除干謁瀆擾外，俱宜以禮相待，勿得橫

肆凌侮」一款，令甲昭然。仰見國家待士之重如此，蓋欲長養教育，使其砥礪廉隅，愛惜名節，厚樹人材，以備將來任使也。自不肖子衿抗糧逋課，始有奏銷黜革之例。康熙元年二月，科臣徐惺條奏，嗣今生員劣行，有司即行提審斥革，照民律一體處分。奉旨依議，欽此欽遵。誠以士子沐浴皇恩經年，教養不思報答高厚，自蹈法羅，雖日置之桁楊夏楚，亦復何辭。但亦有有司任情喜怒，率意加刑。如獲鹿縣生員蔡渶父子以地土小事，與人訐告，爲真定府同知鄭章屢次夾打，已成殘廢矣。廣宗縣生員吕之翕父子爲糧廳衙役需索酒食不遂，鎖禁南和獄中矣。滄州生員吕純以仗完錢糧二兩有餘，向經催王分春取討不還，反禀州官將吕純重責矣。慶雲縣生員姚之佐、趙廷忭、崔呈祥以鬥毆私事，被縣官胡一蛟申作破城大盜，未經解審，俱夾打絶命矣。有司視士子如仇，士子見有司如虎，尋常雀鼠之争，不行申報，輒行菙楚。臣每閱一申詳，有泪在喉，挽救無術。切念書生體質脆弱，産業貧寒，鞭朴動致傷生，繫獄誰爲進食，畿輔密邇神京，幸得爲朝廷赤子，又

肆後悔一款，令甲昭然，仰見國家待士之重，如此，蓋欲長養教育，使其砥礪廉隅，愛惜名節，厚樹人材，以備將來任使也。自不肖子衿抗糧逋課，始有奏銷黜革之例。康熙元年二月，科臣徐惺條奏，嗣令生員劣行，有司即行提審斥革，照民律一體處分。奉旨依議，欽此欽遵。誠以士子沐浴皇恩經年，教養不思報答高厚，自蹈法羅，雖日置之桁楊夏楚，亦復何辭。但亦有有司任情喜怒，率意加刑。如獲鹿縣生員蔡藻父子以地土小事，與人訐告，爲真定府同知鄭章屢次夾打，已成

殘廢矣。廣宗縣生員呂之禽父子爲糧廳衙役需索酒食不遂，鎖禁南和獄中矣。滄州生員呂純以代完錢糧二兩有餘，向經催王分春取討不還，反稟州官將呂純重責矣。慶雲縣生員姚之佐、趙廷忭，崔呈祥以鬥毆私事，被縣官胡一蛟申作城大盜，未經解審，俱夾打絕命矣。有司視士子如仇，士子見有司如虎，尋常雀鼠之爭，不行申報，輒行菙楚。臣每聞一申詳，有咽在喉，拯救無術。切念書生體質脆弱，產業貧寒，鞭朴動致傷生，繫獄詰爲進食，畿輔密邇神京，幸得爲朝廷赤子，又

係聖賢子弟，雖其中有賢不肖之殊，而以我皇上如天好生之心，視之決不忍使其無辜受辱，慘毒反過於齊民也。臣請嗣今以後，果有真正抗糧窩盜不公不法者，先行報臣衙門褫革，然後審理。如或申報不及，欲行朴責，亦須傳知教官，公同審鞫，若以師傅責弟子然，似猶有以禮訓士之意也。

請盛興教化疏

張吉午

題爲盛興教化，以隆聖治事。竊惟古帝御宇，安之即教，如三代典制，夏曰校，殷曰序，周曰庠。建首善自京師始，由内及外，遍於郡縣。以

及三老之設，凡所以敷教也。故彝倫昭著，禮讓成風，乃知盛世綿遠之本端在教化耳。我皇上稟睿自天，道鏡今古，自群孽煽逆，仰見聖策風行，神謀電發，垂拱廊廟，蕩滌妖氛。今已九服咸寧，百揆時叙，臣愚以爲盛興教化，正不容緩，據理以考证於前踪，因時以酌新於睿慮，追教興化洽，俗厚民淳，奚止三代之美哉。然皆宸衷之所洞悉，臣似屬於贅言。但臣重荷寵遇，謬厠卿尹，欲闡帝猷，光宣於外，蟻忱時切，凛志自矢。前於六月十二日到任，即行祈雨。例凡耆老供事齋壇，豈

係聖賢子弟，雖其中有賢不肖之殊，而以我皇上如天好生之心，視之决不忍使其無辜受辱，慘毒反過於齊民也。臣請嗣今以後，果有真正抗糧窩盜不公不法者，先行報臣衙門褫革，然後審理。如或申報不及，欲行朴責，亦須傳知教官，公同審鞫，若以師儒責弟子，然似猶有以禮訓士之意也。

請盛興教化疏

張吉午

題爲盛興教化，以隆聖治事。竊惟古帝御宇，安之即教，如三代典制，夏曰校，殷曰序，周曰庠。建首善自京師始，由內及外，通於郡縣。以及三老之設，凡所以敷教也。故彝倫昭著，禮讓成風，乃知盛世綿遠之本端在教化耳。我皇上稟睿自天，道鏡今古，自群孽煽逆，仰見聖筴風行，神謀電發，垂拱廟廊，蕩滌妖氛。今已九服咸寧，百揆時敘，臣愚以爲盛興教化，正不容緩，據理以考証於前蹤，因時以酌新於睿慮，迺教興化洽，俗厚民淳，奚止三代之美哉。然皆京東之所洞悉，臣似屬於贅言。但臣重荷寵遇，謬厠卿尹，欲闡帝猷，光宣於外，蟻忱時切，凜志自天。前於六月十二日到任，即行祈雨。例凡晉接供事齋壇，豈首善之地祇有一二人而已。蓋耆老者，即古三老之遺意也，確選年高而有德，使之各於鄉里講論禮義，誘迪群蒙，此向來天下通設，誠庠序學校之一佐也。似此寥寥，則鄉里群蒙竟無誘迪可知，是即敷教之典多所闕略。臣已疊行治中，轉行五城，與大、宛二縣秉公察選，務不致國家盛典聽成虛套。然臣細訪至今，乃始得寥寥之故何者，耆老原有頂帶，而頂則牛角爲之，僉以畜角表冠，儀瞻不雅，所以齒德之輩，一經察選，並含羞深避，即以衰廢爲辭。夫以國家盛典而衆情不願，頗於

推廣教化有相關碍也。謹請特恩，將耆老帽頂牛角以錫鑞，庶幾加優齒德，鼓舞善良，則輦下之耆老叨榮，而天下之爲耆老者盡叨恩榮。夫然後自無含羞深避、衰廢爲辭，而舉世之羣蒙俱有誘迪，洵於彝倫之著，禮讓之風，不無小補。且臣之所欲光宣帝猷，或於此藉以稍竭蟻忱，更且載在典章，傳之萬世，知皇上之心崇教化，纖悉必周。子孫效法，則世世之教化克崇，而世世之雍熙無异。雖綿遠之本不全在耆老，而至纖者亦周，因使百爾臣工，共仰皇上。義既撥亂，仁遂敦化，自莫不

以厚風俗、正人心爲己任耳。至於鄉飲一典，無非勸善，總是教化中之一端。近係軍興，緣概暫止，今時既升平，均宜自京師所屬郡縣，以及各省郡縣，敕復舉行，要皆所以佐隆聖治，亦不容姑緩者矣。臣職任牧民，躬逢泰運，切念綿遠之本教當急興起見，不揣鄙陋，冒昧瀆陳，貼黄難盡。如果可采，伏乞皇上全賜睿鑒，敕部議覆施行。奉旨，該部議奏，隨經禮部議覆，查定例内開耆老用烏角頂，今既據該府尹疏稱畜角表冠，儀瞻不雅，相應更以錫頂，通行直隸各省，一體欽遵等因，康熙二十一年十一月初十日題，本月十四日奉旨依議。

又經户部議覆，查直隸等省裁過鄉飲錢糧，相應自二十二年起支給。通行直隸各省可也。康熙二十二年正月二十六日題，本月二十七日奉旨依議。

請豁年遠無征地價疏

張吉午

題爲殘黎委實困苦，地價萬難追征，再籲聖慈大沛天恩事。竊惟皇仁普洽，有加無已，畿民沐澤，更極高深。然而尚有最慘之餘隱，關乎多命。臣不敢避嫌瑣瀆，再爲皇上陳之。茲如大、宛兩縣

【康熙】順天府志　卷六八　　六四六

地價一案，前任府尹臣熊一瀟目擊哀號。備稽前府尹臣徐世茂、耿效忠、宋文運歷案，具有「地價無征等事」一疏。欽遵恩旨豁免外，所有前任府尹臣耿效忠查報量能，承認原價、半價地價銀三千三百二十餘兩，內據大、宛二縣向報追過銀一千六十二兩九錢一分，户部札豁免銀四百四十兩，仍未完銀一千八百二十三兩四錢八分在案。臣於本年六月十二日到任，閱此未完，首即叠催大、宛二縣速追完解去後，今據大興縣知縣張茂節署宛平縣事，大興縣知縣張茂節各詳俱，以死逃餘丁伶仃如洗，爲民哀懇援赦各等情到臣，臣任日淺，未敢輕信，復自察訪，其慘果真。臣緣思此案未完零星地價，自遭地震，房頽户塌，殘喘老幼，皮骨僅存，委係追無可追，變無可變。若再嚴征，徒纍多命，終不能完。況我皇上愷惠性成，愛民若保赤，伏讀恩詔内開十七年以前民欠錢糧、税銀及帶征錢糧，該督撫查明，保題到日豁免。是皇上之深仁若此，而臣奉命牧民，豈可蒙蔽下情而不入告乎。且直隸本年地丁、錢糧俱已盡蠲，則零星年遠地價較更可矜。伏乞聖慈垂憫，大沛天恩，正與詔款相符。一

赦有限之未完，即活伶仃之多命矣。緣睹流離煢獨，據實陳情，仰祈睿鑒，敕部議覆施行。奉旨，該部議奏，隨經户部題覆前項，無追地價。既經該府尹援詔請免，相應準其豁免可也。康熙二十一年十一月十七日題，本月十九日奉旨依議。

請換貢院號房瓦椽疏

張吉午

題爲目擊號房之新葺，因查請修之舊案，據實上陳，仰祈聖鑒事。竊惟賓興鄉薦，三年一舉，科場制度，實隆且備。臣奉命叨尹順天，適逢其會，緣勉力以效理諸務，誠心幸大典之獲預也。惟是貢院一項，每科甚費修葺，臣今日親巡，促切期整固，奈目及號房，苫蓋席止單層。夫號房者，士子存身作文之所，聖主愛賢之德澤，儒生苦志之燈窗，尤在於此。倘陰雨驟沛，則滲漏難支。其上負宸衷之盛意，深爲悚懼。臣即面詰大、宛兩縣官吏，乃齊稱錢糧核定，歷科例止單席。臣默思其言，自不便臨期破例，妄爲苛刻也。但順天鄉試在於皇都，貢院則士子號房，豈容因循積陋，反不若外省之整固。此康熙十二年，臺臣張問政所以有請換瓦椽之疏，部臣遂奉旨約估，追軍興需餉，而

前府尹臣魏象樞、徐世茂咸以節省錢糧，暫行停止，具題在案。至於龍門牌坊、院前東西牌坊，并屬觀瞻，各皆頽廢。今既逆蕩海清，皇上右崇文教，紀綱燦晰，巨細悉周，則貢院號房之換瓦椽，并龍門院前之各牌坊等項，雖現在場期逼近，不及修換，然而武科會闈，相繼至焉，所當預爲一勞永逸之議，先將號房修換，而牌坊等項，勢須次第續舉耳。緣鄉試係臣職掌，因目擊而備查舊案，且時際升平，故敢仰體宸衷，特疏上陳，伏乞睿裁，敕議施行。奉旨，該部議奏，隨經工部題覆，應照該府尹所題成造，需用錢糧，臣部確估，交與順天府，務從詳加節省，堅固修理等因。康熙二十三年十二月初三日題，本月初五日奉旨依議。

請停圈民地疏 張吉午

題爲經國必先體野，懇植宜籌實濟，謹籲管窺，仰祈睿鑒事。竊思邦以民爲本，民以食爲天。此王政之首正經界，而次課桑麻者。其經國之道，要惟切切於體恤草野而已。今我皇上深仁厚澤，已遍陬隅，然猶御駕親巡，省方問俗，不使一夫不遂，一物失所，至矣。愛民之心，上媲五帝。大哉。

宜民之德，還軼三王。臣荷聖恩，智術莫補，一寸蟻丹，凛遵睿念。因勸民懇荒植樹，期與所屬州縣共相鼓勵，於正月十四日嚴檄通行去後。今據大興縣知縣張茂節申稱，圈撥地畝，勢不容已，則有新舊寄留、私買私賣、入宫退出等地焉，惟開懇、清查二項，原屬民業，若盡圈撥，民皆失所。必請停圈，庶肯争先墾植。又宛平縣知縣王養濂申稱，近畿之地，盡歸大圈。至於節年開墾，其中有零星連合成畔者，民種不一二年，又盡圈無遺。嗟此小民血汗徒勞。爲今之策，必將開墾首報之地，請停圈

開墾良法，遵行已久，但圈給與開墾不相關碍，而後可也。夫開墾願非易事，〔注一〕竭力於窪淤沙礫之區，措辦以牛種、籽粒之費，積血本苦工，方漸成熟土。一旦圈去，産業仍無，故雖墾法行而無實濟也。今海宇已盡升平矣，臣閲各申，欲以各州縣之曠土，聽各州縣之民隨便開墾，照例起科。墾旁隙地，遍植榆柳、果木之類，力周地利，悉可資生。請自康熙二十四年起，凡開墾查出等地，概使各爲世業，永行停圈。若有旗丁例應圈給，俱於退出丈出、入官寄留等地，分給應給之人夫，然後旗丁、百

〔注一〕「願」字當爲「原」字之誤。

姓，各得其所，而窮困安心，奮先墾植。將見阡陌連延，桑麻葱翠，群黎咸樂，比屋可封，擊壤鼓腹之風皥皥於今，而光天化日之治綿綿於萬世矣。臣爲國本、民生起見，冒昧管窺，上瀆宸聽，字多逾格，貼黄難盡。仰祈皇上全賜睿鑒，如果不謬，伏乞敕議施行。奉旨，該部議奏，隨經户部議覆。查順天府府尹張疏稱，自康熙二十四年起，凡開墾查出等地，永行停圈等因，相應將丈出多餘皇莊地畝、投充人地畝、掌儀等司并上三旗包衣佐領下丈量多出壯丁分地、投充人多出地，應交與總管內務府，嗣後八旗各處來的壯丁及新滿洲將八旗丈出多餘之地，均行撥給。此八旗多出地畝撥完之時，另行具題。請旨可也。康熙二十四年四月初七日題，本月二十八日奉旨依議。

議

新挑河議

在州南八里許，舊有古河，上自蓮花臺，下達臺山，綿亘數十里，歲久淤塞，諸水散漫爲害。副使陸坤尋故道濬之，水勢以殺，民甚賴焉。

王鳳靈

霸當京邑之陽，川原衍旷，群水赴焉，堪輿家所謂「大明堂」者也。口外諸山之水，自京西卢沟橋而下，經固安、永清至於信安，汇於三角淀，

達於直沽，入於海。良、涿九州之水會於胡良河，自楊家務而下，經北樂店，東過辛店，至於信安，此霸州以北之水也。宣府、紫荆、白沟諸水，自新城而下，汇於烹兒灣，經保定玉帶河，達於苑家口，至於信安、直沽，入於海。易、安、苑、肅、唐、蠡九河之水，自雄縣而下，東過烹兒灣，入於苑家口河。山西五台之水，自河間而下，經任丘，匯於五官淀，亦入於苑家河。此霸州以南之水也。南北二川束狹淤淺，堤岸蕩蝕，不足以容萬脉之流，水至則瀰漫浩淼，被地浮天，溢入文安、大城，积爲巨浸，民不得耕播。亂是用長，間有爲治堤之役者，又無訏謀遠圖，曲防自便，不知山澗飛湍，渾浊迅激，築於此則决於彼，淤於河則蕩於陸，勢固然也。而民愚以爲神河，莫之敢治。嗚呼！河其終不可治已乎？治之之法，不以壅而以導，不先於决口，而始於下流。余觀直沽之上，有大淀，有小淀，有三角淀，廣延六七十里，深止四五尺，若因而增益之，又爲之堤，以停蓄衆水，而以委輸於海，水固有所受也，然後濬治舊川，爲長堤以東之，高廣倍於前功，使水有所行。又多開枝

河，聯絡相屬，使水有所分。見在洼淀不下數十處，又各深而堤之，使水有所積。則雖有淫潦，飛流大川瀉之，枝河析之，諸淀瀦之，高堤防之，可心無橫溢滔天之患矣。堤易壞，必有堤夫歲繕。河易淤，必有淺夫時挑。枝河既分，必多爲橋梁以通濟之，則川得安流，田得利溉，人無病涉，戎馬不得長驅，地方之大利也。文安、大城別爲一區，亦宜用此法，多方疏浚。文安之水出東北，至三角淀。大城之水稍出東南，至静海，而同下於直沽。聚衆水以朝宗，通會河而利濟，非獨運漕有助，而京邑氣勢百倍宏深，尤國家之利矣。然非朝廷定其議，大臣董其役，勢必格而難行。功或苟而速就，求河之治，不亦難乎。

新挑河後議

周復俊

治河之議，莆中王公論之悉矣。俊學謝通明，何所知識，爰諮故老，載訪英賢，徐探本末，稍察利病，僭著論之。其略云：俊大江以南之人也，竊觀治是州之水，與治江南之水，其法夐有不同。治是水者，惟導之有所承，瀦之有所蓄，而徐引之，俾入於海，則洪潦不爲災矣。何以論之，霸

州之水來自西北者凡九，曰卢沟、拒馬、夾河、琉璃、胡良、桑乾、烏流、白澗、白沟是已。來自西南者凡六，曰黑羊、一畝泉、方順、糖河、沙河、磁河是已。諸水之來也，含帶沙土，氣勢憤激，斯須滿盈，瞬息播蕩。倘枝河未陻，承流不匱，則浊濤自順其常，平土不蒙其害。今霸之枝河盡塞，獨苑家口一河承受諸水，寧免於横出潰决乎。且此州地形下卑，土脉疏鹵。下卑則水易放而難收，疏鹵則土易析而難捍。其爲患也，邇年滋甚矣。故議者欲去枝河淤塞，以复故道。始自文河上流汇

於五角諸淀，直衝於烹兒灣，其积也易盈，下流受於麻花諸淀，直抵於三角淀，其蓄也易散。次之柳河、潘平、新張一帶，凡臨古淀，積有沙淤者，咸决之。次之蘇家橋、台山、信安一帶，凡屬官田，曲爲堤防者，又咸决之。則諸河之水，雖若駛悍，春夏之交，甚多霖潦，亦將自然安彼順流其本道，倚淀窪以洄旋，指滄瀛而奔赴矣。旁邑浸淫，亦仿是法，則北有固安，南有保定、文安、大城，西有新城、雄縣，東有永清、東安，原流既同，并饗安吉。或曰：是州之水一耳，粤稽宪、孝兩朝，每

膺大水，亦屢豐年，胡此邦之民不墊溺而爲魚也。曰：維昔盛時，河之故堤尚存，民之舊業犹腆，每雨水將至，不煩有司，人操畚鍾，户遣家丁，先事預防，随宜浚築，崇朝終日，可以亡虞矣。故堤陻滅，極望平蕪，民尤困於沉浮，疲於徭税，十室尤空，坐視羸餒。强壯者逃移，雄杰者寇掠，蓋以荒壤茅簷弃之而他爲不惜也，敗囊殘楮携之而轉徙不難也。况貧民不能浚築，勢必奔赴官司，或乃未即允信，犹從容委遣，展轉文移，逮楫師利涉，涓吏循行，則河流激盪，平土爲川，民將無所

爲營窟矣。噫嘻，此今昔之所爲殊也。古云：時异勢异，凡以此也。或曰：如前之論河之宜浚者，浚之使深，堤之宜築者，築之使高，俾諸水經行有道，蓄洩有歸，則河若易治，而今莫治者，何也？曰：浊河經流逾數百里，可以徒浚乎？夾堤迴環倍數百餘里，可以徒築乎？財非自天來，非從地出，問諸官，則帑廪單虚；求諸民，則機軸空竭。設若河身盡行疏浚，堤防咸議修筑，則費出不貲，於何斡運。自非懇乞皇慈捐損内帑，不可得也。抑又有難行者焉。天邑崇重，州

郡联絡，官各攸司，封各有守，此議一興，彼此之游議繽紛，往來之移文絡繹，筑室道旁，迄無成論。必托之重臣，專敕獨任，斷在一心，而又必慎簡官，屬純白精悍者十數餘人董其事，庶幾夙夜責成，肤功可冀。然此河易徙，厥土善崩，不二三年，浊流易積，水道旋淤，則金帛填於無用，簡書責有攸歸。當此之時，首事懷齮齕之虞，當权蒙萋菲之謗，此仁人憯怛，徒隱憂而未舒；達士疏通，亦潛慮而莫展也。考之上古，洚水逆行，水非能自逆也，淤塞漸高，其勢難越，不得不返而逆

也。今之泛溢，何以异此。又愚俗以河徙不常，目曰神水，水非神也，夫水犹血也，血行於腠理，水行於土脉，任其所之，靡有定向，其致一也。第江南之土密緻凝實，水不妄行，故治之之法，與此夐絶耳。見聞之暇，漫綴蕪説，惟覽者擇焉。

論

論時政

遼太師適魯之妹，操行端潔，詩文不苟作。

耶律氏

君以民爲體，民以君爲心。人主當任忠賢，人臣當去比周，則政化平，陰陽順。欲懷遠則崇恩尚德，欲强國則輕徭薄賦，四端五典，爲治教之

本；六府三事，實生民之命。徭役可以爲戒，勤儉可以爲師。錯枉則人不敢詐，顯忠則人不敢欺。勿泥空門，崇飾土木。勿事邊鄙，妄費金帛。滿當思溢，安必慮危。刑罰當罪則民劝善，不寶遠物則賢者至。建萬世磐石之業，制諸部强横之心，欲率下則先正心，欲治遠則始朝廷。

論京都當興水利

袁黄

《易·重坎》象曰：「王公設險，以守其國。」險必以水，守國者尚之，其利重矣。自古帝王建都，未有不資水以爲固者。堯、舜、禹皆都冀，三面距河，其險足恃也。河改而南，冀失險

矣。殷之五迁，利害惟河是視。周都关中，涇、渭夾原而東，八水環繞，汉唐因之，較之冀弗若也。周之東遷，實卜瀍、澗之間，宋因之，較關中又弗若也。燕都古冀州、并州之域，職方氏称，燕北曰并州，其川滹沱，漚彝其浸淶、易。《禹貢》叙冀州云：「恒、衛既從，大路既作。」故淶、易、恒、衛，燕之寶也。昔召公始封於是，迨其衰也，秦欲并之，猶懼督亢之地水絪繆而難入，及荆卿獻圖而大喜。曹胤儒云，燕南之地，以水爲固，葛莫間

諸淀，鉤聯埂道如錢耳。陳貫所謂天造地設也。竊謂宜使藎臣智士導境内諸川，匯成地險，而因興水利，凡荒地可耕者，悉募民耕之，曠野可井者，井之。井地九百畝，收公田一百畝，每畝收一石，則九百畝中，一百石在官也。倘畝收二石，則二百石在官也。若收税而每畝一半，民輒告病矣，久必拋荒。公田但藉民之力，而不收民之税，所以上足用而不勞，且有溝有洫，可以限戎馬，可以消水患，此古人之良法，萬世不可易也。行之於田少人多之處，其勢誠難，今取不耕不奪之地而井之，易易矣。

論沿海開田

袁黄

先民丘濬云：大凡瀕海之地多碱滷，必得河水以蕩滌，然後可以成田。故爲海田者，必築堤岸以闌碱水之入，疏溝渠以導淡水之來，然後田可得而耕也。臣於京東一帶涯雖未及行，嘗泛漳、衛而下，由白河以至潞渚，觀其入海之水，最大之處無如直沽。然其直瀉入海，灌溉不多。請於將盡之地，依《禹貢》逆河之法，截斷河流，横開長河一帶，收其流而分其水，然後於沮洳盡處，

築爲長堤，隨處各爲水門，以司啓閉。外以截鹹水，俾其不得入。内以洩淡水，俾其不至漫溢。如此，則田可成矣。於凡有淡水入海所在，皆依此法行之，則沿海數千里，無非良田。非獨民資其食，而官亦賴其用。如此，則國家坐享富盛，遠近皆有所資。譬則富民之家，東南之運，其別業所出也。濱海之收，其負郭所獲也。其爲國家利益夫豈細哉。今撫寧、樂亭、豐潤、寶坻、滄州、鹽山等處，皆濱海者，其荒地極多，皆以鹹滷見弃。嘗開溝試之，未及三年，草輒茂盛，則其地皆可耕。而丘公之説，非無稽也。

書

報燕惠王書

樂毅

臣不佞不能奉承王命以順左右之心，恐傷先王之明，有害足下之義，故遁逃走趙。今足下使人數之以罪，臣恐侍御者不察先王之所以畜幸臣之理，又不白臣之所以事先王之心，故敢以書對。

臣聞：賢聖之君不以禄私親，其功多者賞之，其能當者處之。故察能而授官者，成功之君也。論行而結交者，立名之士也。臣竊觀先王之舉也，

見有高世主之心，故假節於燕，以身得察於燕，先王過舉，厠之賓客之中，立之群臣之上，不謀父兄，以爲亞卿。臣竊不自知，自以爲奉令承教，可幸無罪，故受令而不辭。先王命之曰：「我有積怨深怒於齊，不量輕弱，而欲以齊爲事。」臣曰：「夫齊，霸國之餘業，而最勝之遺事也。練於甲兵，習於戰攻。王若欲伐之，必與天下圖之。與天下圖之，莫若結於趙，且有淮北宋地，楚、衛之所欲也。趙若許，而約四國攻之，齊可大破也。」先王以爲然。其符節南使臣於趙，顧返命，

起兵擊齊，以天之道，先王之靈，河北之地隨先王而舉之濟上，濟上之軍受命擊齊，大破齊人，輕卒鋭兵，長驅至國。齊王遁而走莒，僅以身免。珠玉、財寶，車甲、珍器，盡收入於燕。齊器設於寧臺，大呂陳於元英，故鼎返於磨室，薊丘之植，植於汶篁。自五霸以來，功未有及先王者也。先王以爲慊於志，故裂地而封之，使得比小國諸侯。臣竊不自知，自以爲奉命承教，可幸無罪，是以受命不辭。臣聞賢聖之君功立而不廢，故著於《春秋》；蚤知之士，名成而不毁，故稱於後世。且

先王之報怨雪耻，夷萬乘之强國，收八百歲之積蓄。及至弃群臣之日，餘地教未衰，執政任事之臣修法令，慎庶孽，施及乎氓隸，皆可以教後世。臣聞之，善作者不必善成，善始者不必善終。昔伍子胥説聽於闔盧，而吴王遠迹至郢。夫差弗是也，賜之鴟夷而浮之江。吴王不悟先論之可以立功，故沉子胥而不悔。子胥不早見主之不同，量是以至於入江而不化。夫免身立功，以明先王之迹，臣之上計也。罹毁辱之誹謗，墮先王之名，臣之所大恐也。臨不測之罪，以幸爲利，義之所不敢出也。臣聞古之君子，絶交不出惡聲。忠臣去國，不潔其名。臣雖不佞，數奉教於君子矣。恐侍御者之親，左右之説，不察踈遠之行，故敢獻書以聞，惟君王留意焉。

謝曹孟德書

關羽

羽聞：主憂臣辱，主辱臣死。曩所以不死，欲得故主之音問耳。今故主已在河北，此心飛越，神已先馳，惟明公幸少矜之，千里追隨，當不計利害、謀生死也。子女、玉帛之賜，勤之存册，他日幸以旗鼓相當，退俟三舍，意者亦欲如重耳

之事秦穆者乎。羽謝。

又與孟德書

劉豫州有言：尉佗，秦之小吏耳，猶獨不詭。某啞啞飛鳴，翔而後集，寧甘志終小人下也。使明公威德布於天下，斡旋漢鼎，窮海内外，將拜下風，慕高義矣。獨某兄弟哉。瞻悚羽載復。

戒子孫書

邵雍

上品之人，不教而善。中品之人，教而後善。下品之人，教亦不善。不教而善，非聖而何。教而後善，非賢而何。教亦不善，非愚而何。是知善也者，吉之謂也。不善也者，凶之謂也。吉也者，日不觀非禮之色，耳不聽非禮之聲，口不道非禮之言，足不踐非禮之地。人非善不交，物非義不取，親賢如就芝蘭，避惡如畏蛇蝎。或曰：「不謂之吉人，則吾不信也。」凶也者，語言詭譎，動止陰險，好利飾非，貪徭樂禍，疾良善如讐隙，犯刑憲如飲食，小則隕身滅性，大則覆宗絶嗣。或曰：「不謂之凶人，則吾不信也。」傳有之曰：「吉人爲善，惟日不足。」凶人爲不善，亦惟日不足。汝等欲爲吉人乎，欲爲凶人乎？

序

《宛署雜記》自序

沈榜

始予抱四方之略，博求掌故，識天下户口、扼塞風俗、政治盛衰，蓋見志記之不可以已云。及授官内鄉，歷東明，因掌故而籍行之，具以潤飾功令，然猶外縣也。既晋上元，猶陪京也。及復除宛平，則列在輦轂之下，意其風被最先，科條獨著，是其志記必詳，且核於前所睹聞，而諸所施設，無如上國之明備。第令按籍求之，拱手受成足矣。乃縣故無志，而掌故、案牘又茫然無可備咨詢，自竊禄以來，隨事講求，因時劈劃，或得之殘篇斷簡，或受之疏牘公移，或訪之公卿大夫，或采之編氓故老，或即所興廢舉墜，求弊補偏，導利除害，發奸剔垢，其於國家之憲令，非不犁然具備也。而予始求之，則無徵，自予行之，乃始有據。然則宛平志可已乎。夫志，識也，識之而達於政，一時之故實，百年之蓍龜係焉。倘先予而有志，何至使余按籍而茫然無所備咨詢乎。蓋今天下郡邑，誰不比事修辭，各先記載，而京兆首善，乃獨闕如，伊誰責也。吾爲宛平長吏，何可以無

獨闕如，伊誰責也。吾爲宛平令史，何可以無
郡邑，誰不比事修辭，各先記載，而京兆首善，乃
何至使余按籍而茫然無所備咨詢乎。蓋今天下
一時之故實，百年之舊鑑係焉。倘先乎而有志，
然則宛平志可已乎。夫志，識也，識之而達於政，
也。而予始來之，則無徵，自予行之，乃始有據。
除害，發奸剔弊，其於國家之憲令，非不犁然具備
采之編氓故老，或即所興廢舉墜，求弊補偏，眞利
殘篇斷簡，或受之流讀公移，或訪之公卿大夫，或
咨詢，自竊祿以來，隨事講求，因時尋劃，或得之

足矣。乃縣故無志，而掌故、案牘又茫然無可備
設，無如上國之明備。第今按籍求之，拱手受成
著，是其志記必詳。且核於前所睹聞，而諸所施
宛平，則列在輦轂之下，意其風教最先，科條獨
令，然猶外縣也。既晉上元，猶陪京也。及復除
授宜、内鄉，歷東明，因掌故而籍行之，其以潤飾功
崇風俗，政治盛衰，蓋見志記之不可已已云。及
始予摠四方之略，博采掌故，識天下户口，提

《宛署雜記》自序 沈榜

序

志？既而瞿然曰，孔子雖悼杞、宋，不敢言，作《春秋》，比於晋之《乘》、楚之《檮杌》，而猶自命曰竊取。且皇祖貽謀燕翼，主上瑩精太平，彼鋪張揚厲，自有學士鉅公之丹墨管在也。前此尹宛平固多賢於榜百倍，而况榜至愚且賤，又何敢以志宛平？顧志吾不敢也。今後來者以無志而靡所咨詢如吾今日，吾不忍也。宛平建縣以來，一二百年餘，無人敢任紀述之責，其中固有吶於心而惴於辭者爾，而庸計夫京師首善之邑，所爲諸夏根本，國家厚澤深仁，所爲培植綏和纖鉅委悉視他郡邑不同，盡使人人避事而吶且惴焉，然則何時而可任其責乎？是以退食之暇，雜取署中所行之有據而言之足徵者，隨事紀録，不立義例，不待序次，聊識見聞，用備掌故。久之，不覺盈帙，因命吏稍繕之，爲二十卷，而講求劈劃之要正，亦不能自隱，各以類列，附見於後。至所云吶且惴者，尚復闕而不備，姑用傳之子孫，使知予備官籍行，不欲虚談，抑使後來者以比於掌故咨詢，而施設其所未竟，增益其所未能，治有成勞，因志宛平，以垂石畫，則斯記雖猥雜，當亦可備采擇之

萬一。予甘心斂帚可也。

記

竇諫議陰德記

范仲淹

竇禹鈞，范陽人，爲左諫議大夫致仕。諸子進士登第，儀風家法，爲一時標表。馮道贈禹鈞詩曰：「燕山竇十郎，教子有義方。靈椿一株老，丹桂五枝芳。」人多傳誦。禹鈞生五子，長曰儀，次儼，侃、偁、僖。儀至禮部尚書侍郎，儼爲翰林學士，侃右補闕大夫，偁參知政事，僖起居郎。初，禹鈞家甚豐，年三十無子，夜夢亡祖亡父謂之

曰：「汝早修行緣，汝無子，又壽不永。」禹鈞諾。鈞爲人素長者，先有家僕盜用房廊錢二百千，僕慮事覺，有女年十二三，自寫一券，繫臂上，云：「求賣此女，以償所負。」自是遠逃。禹鈞見女，甚哀憐之，即焚券留女，屬其妻善視之。及笄，以二百千擇良配，得所歸。僕聞之，遠歸，泣謝前罪。禹鈞不問。女子由是圖禹鈞像，晨夕以祝公壽。嘗因元夕往延壽寺，忽於佛殿後得金三十兩，銀二百兩，持歸。明旦，請寺候失物主，須臾，一人涕泣至，公問其故，具以實告。曰：

「父犯罪至大辟，遍至諸親，借貸得銀若干，將以贖父罪。昨暮於相知家投宿，遂失去。今父罪不贖矣。」公遂與之同歸，還此舊物。仍以贈賂其同宗及外姻甚多。貧困者有喪親未葬，公爲出金葬之，凡二十七人。親舊孤遺子女不能嫁娶者，公爲嫁娶之，凡二十八人。或與公有一日之雅遇，其窘困，則擇其子弟可委者，隨多寡貸以金帛，俾之興販自給。由公而活者數十家。以至四方賢士賴公舉火者，不可勝數。每視歲之所入，除伏、臘外，皆以濟人之饑。居惟儉素，器無金玉

之飾，家無衣帛之妾。於宅南建書院四十間，聚書數千卷，禮文行之，儒主師席，遠方寒士貧無所就、師友無供需者，公咸資之，無問識與不識。有志於學者，聽其自至。故子弟聞見益廣，凡四方之士由公門登貴仕者，前後接踵，來拜公前，必命左右扶公坐受其禮。及公之亡，有持心喪以報公德者。先是，公夢亡父後十年復語公曰：「吾嘗告汝，三十年前實無子，且年壽短促。今數年以來，各注天曹陰府，以汝有陰德，特延三紀之壽，賜五子，各榮顯。壽終，居洞天真人位。」又謂

禹鈞曰：「陰陽之理，大抵不易。善惡之報，或發於見世，或發於後世。天綱恢恢，疏而不漏，此無疑也。」公益修陰德，享年八十二歲，沐浴別親戚，談笑而終。五子八孫，皆通顯於朝。後之稱教子者，必曰：「燕山竇十郎」。仲淹祖與竇故人有舊，嘗録書以示子孫爲法，惜其不傳於天下，因録以示好善者，庶幾見陰德報應之理，使惡者有所戒云。

文丞相祠記

楊士奇

孟子曰：「我知言，我善養吾浩然之氣。」知言者，盡心知性，而有以究極天下之理。浩然之氣，即天地之正氣具於吾身，至大而不可屈撓者。知之至養之，充而後足，以任天下之大事。天下之大事，莫大於君父。文丞相甫冠，奉廷對，即極口諭國家大計。未幾，元兵渡江，文上書乞斬嬖近之主，遷幸議者，以一人安社稷，固已氣蓋天下矣。自是而斷斷焉殫力竭謀，扶顛持危，以興復爲己任，雖險阻艱難，百挫千折，有進無退。不幸國亡身執，而大義愈明。蓋公志正而才廣，識遠而氣閎，浩然之氣以爲之主，而卒之共志弗

遂者，以天命去宋也。雖天命去宋，而天理在，公必不可已。故宋亡，其臣之殺身成仁者不少，論者必以公爲稱首。公事具《宋史》，而公鄉人劉岳申摭公所著《日録》、《吟嘯集》、《指南録》、《集杜二百首》，及宋禮部郎官鄧光薦所述《督府忠義傳》，以作公傳，視史加詳實焉。北京之有公祠，洪武九年，前北平按察副使劉崧始建於教忠坊，今順天府學之右，而作塑像焉。永樂六年，太常博士劉履節奉命正祀典，始有春秋之祭於有司，歲以順天府尹行事。宣德四年，

府尹李庸始至，謁公祠下，顧瞻祠宇弊陋，弗稱遵用，詔旨葺而新之，而凡祀神之器，靡不備具。又求劉傳刻石，將使人人皆知世之爲臣者，光明震動，焜焜烈烈，有公也。嗚呼！忠孝人道之大節，治化所先。而崇禮先賢，表勵後人，猶守令之急務。庸其達爲政之本歟。庸字執中，保定唐縣人，寬厚明敏，自太學生授工科給事中，上親擢爲順天府尹。愛人之心，剸繁之才，上下皆稱之。而盡心學校，敬賢尚德，如飾昌平之狄梁公祠、劉諫議祠，而嚴其祀事之類，皆其知本之務，皆可書

也。因并書之，以示來者。

順天府題名記

葉向高

令甲三歲一計治吏，自岳牧以至尉史，鱗集於闕廷，而京兆實稗郡事綱紀之意。蓋云維茲郡吏，其式化王畿，故郡國吏之視京兆，不啻望表起鵠。夫内備列卿，而外倡九牧，秩尊而於民親，則無如京兆者。二百年來，名公鉅卿，多由茲奮。尹確山劉公嘗刻其名於石，而司空豐城雷公爲之記。歲久石溢，今尹廣陵錢公、少尹關西劉公礱石續刻，而以記屬余。夫司空嘗官京兆，宜能言京兆，余越俎而譚，非其任矣。然余有職於掌故，不能辭，則嘗取司空言讀之，若慨然有慕於國初諸臣之豐裁，而惆切於年來因循叢蠹之非。是其爲京兆規，不啻詳矣。余惟國家初造，耳目維新，聲靈震乎遐陬，而功令肅於庶府。京邑翼翼四方之極，奉職順流，亦可以爲理，故其治易也。其後襲恬承熙，輦轂之下，日膏沐涵濊於太和之休澤，寢以窳惰，而五方殊技輻輳，灌輸奔命於上國，都市之政，雜而多端，奸日萌生，治稍難焉。又其後，則恬熙日益深，耗蠹愈甚，九閽之聽既高，而

後，則括熙日益深，耗蠹愈甚，九閽之聽既高，而
市之政，雜而多端，弊日萌生，治稍難焉。又其
賓以麻脂，而五方殊技，輻輳灌輸，奔命於上國，都
麗括承熙，輦轂之下，日賞休酒，纖於太和之休澤，
之極，奉職順流，亦可以爲理。故其治易也。其後
聲靈震乎遐陬，而功令肅於庶府。京邑翼翼，四方
爲京兆境，不啻詳矣。余惟國家初造，耳目維新，
諸臣之豐裁，而恫切於年來因循叢蠹之非。是其
不能辭，則嘗取司空言讀之，若慨然有慕於國初
京兆，余趑趄而讀，非其任矣。然余有職於掌故，

石，續刻，而以記屬余。夫司空嘗官京兆，宜能言
記。歲久石泐，今并廣陵錢公、少關西劉公譔
并薊山劉公嘗刻其名於石，而司空豐城雷公爲之
無知京兆者。二百年來，名公鉅卿，多由茲奮。
識。夫內備列卿，而外信九牧，秩尊而於民親，則
吏，其式化王畿，綏郡國，吏之視京兆，不啻望表起
於闕廷，而京兆實擇郡事編紀之意。蓋云維茲都
今甲三歲一計治吏，自君牧以至尉史，纂集

順天府圖名記　葉向高

也。因并書之，以示來者。

豐蔀之勢易壅，郊圻之内若隔萬里，勢家寺人作奸犯科，官府之憲令閡軹而不行。因循則虞偷，摻斷則虞掣，繩墨周容，日不暇給，京兆之難治，遂爲天下最矣。蓋嘗總郡國之政論之，其在開創，則外難而内易。何者？依日月者愈近，而愈易爲光也。其在承平，則外易而内難。何者？凴城社者愈近，而愈易爲蠹也。方司空時，去國初纔百五十年，度事揆勢，已异昔日，馴至於今，又數十年矣。職京兆者，共感慨太息，當抑又甚焉。弊久則窮，窮則復思其始，今日之京兆，亦起弊反始之一時矣。在漢以賢京兆稱。

紅螺嶮記

袁宏道

從葫蘆棚而上，磴始危，天始夾。從雲會門而進，山始纖，始纖，水始怒，卷石皆躍。至鐵鎖灣，險始酷，從灣至觀音洞，久而旋，奇始盡。山皆純鍔，劃其中爲二壁，行有餘步，則日東西變；數十步，則嶺背面變；數步，則石態貌變矣。壁郛立而陰，故不樹。瘦而態，故不膚，亦不頑。蛟龍之所洗滌，霜雪之所磨鏤，不工而刻，其趨乃極。竇中多老衲，或居之八十餘年不下。聞客

北京畫志彙刊

（原題）順天府志　卷六十八

至，則兢出觀。導者曰：「老未見冠履也。」問爲青曹，則曰：「是余宗主。」笑而合其目，亦如余之見此山此石也。」山中非采藥、樵薪人不至，故不著。奇僻之士游小西天、上方者，日取道焉，而遺之睫前，是可嘆也已。

盤山記

袁宏道

盤山外骨而中膚。外骨，故峭石危立，望之若劍戟、羆虎之林。中膚，故果木繁，而松之抉石罅出者，崎嶔虬曲，與石争怒。其幹壓霜雪不得伸，故旁行側偃，每十餘丈。其面削，不受足，其背坦，故游者可迂而達。其石皆鋭下而豐上，故多飛動。其疊而上者，漸高則漸出，高者屢數十尋，則其出必半仄焉。若半圮之橋，故登者慄。其下皆奔泉，夭矯曲折，觸巨細石皆門，故鳴聲徹晝夜不休。其山高，故幽奇無所不極。述其最者，初入得「盤泉」，次曰「懸空石」，最高曰「盤頂」也。泉莽莽行，至是落爲小潭，白石卷而出，底皆金沙，纖魚數頭，尾鬣可數，落花漾而過，影徹底，忽與之亂。游者樂，釋衣，稍以足沁水，忽大呼曰「奇快」，則皆躍入，没胸，稍溯而

上，逾三四石，水益嘩，語不得達。間或取梨、李，擲以觀，旋折奔舞而已。懸空石數峰，一壁青削到地，石粘空而立，如有神氣性情者。亭負壁，臨絶澗，澗聲上徹，與松韵答。其旁爲上方精舍，盤之絶盛處也。盤頂如初抽笋，鋭而規，上爲窣堵波，日光横射，影落塞外。奔風忽來，翻雲抹海，住足不得久，乃下。迂而僻，且無石級者曰「天門開」。從髻石取道，闊以掌，山石礙右臂，〔注一〕左履虚不見底。大石中絶者數，先與導僧約，遇絶險處當大笑，每聞笑聲，皆膽落。捫蘿探

棘，更上下僅得度。〔注二〕兩岩秀削立，太古雲嵐，蝕壁皆翠。下得秤石，方廣可比几筵，撫松下瞰，驚定乃笑。世上無拼命人，惡得有奇觀也。面有洞，嵌絶壁，不甚闊，一衲攀而登，如獮猴。余不往，謂導僧曰：「上山險在背，肘行可達。下則目不謀足，殆已，將奈何？」僧指其凸曰：「有微徑，但以壁削而油，不受履，過此，雖險可攀至脊，迂之即山行道也。」僧乃跣，蛇矯足登，下布以縋，健兒以手送余足，腹貼石，石膩且外欹，〔注三〕至半，體僵，良久足縮。健兒努以手從，

〔注一〕「礙」，原本爲「一」。

〔注二〕「下」，原本爲「不」。

〔注三〕「欹」，原本爲「訶」。

〔注一〕遂上。迨至脊，始咋指相賀，且相戒也。峰名不甚雅，不盡載。其洞壑初不名，而新其目者曰「石雨洞」，曰「慧石亭」。洞在下盤，道盤聽澗聲，覓之可得。石距上方百步，〔注二〕纖瘦豐妍不一態，生動如欲語，下臨飛澗，松鬣覆之如亭，寐可凴，坐可茵，閑可侶，故慧之也。其石泉奇僻，而蛇足之者，曰「紅龍池」。其洞天成可庵者，曰「瑞雲」。庵之前，洞次，則中盤之後嶺也。其山壁窈窕秀出而寺廢者，曰「九華頂」，不果上。其刹宇多，不録，寄投者曰「千像」，曰「中盤」，曰「上方」，曰「塔院」也。

其曰爲七月朔，〔注三〕數得十。〔注四〕偕游者，曰蘇潛夫、小修、僧死心、寶方、寂子也。其官於斯，而以舊雅來者，曰鍾刺史君威也。其不能來，而以書訊且以蔬品至者，曰李郎中酉卿也。

滿井游記

袁宏道

燕地寒，花朝節後，餘寒猶厲。凍風時作，作則飛沙走礫。局促一室之内，欲出不得。每冒風馳行，未百步輒返。廿二日，天稍和，偕數友出東直，至滿井。高柳夾堤，土膏微潤，一望空闊，若

〔注一〕「從」，原本爲「慫」。
〔注二〕「百」，原本脱，據上下文改。
〔注三〕「朔」，原本脱，據改。
〔注四〕「十」，原本爲「石」，據改。

脱籠之鵠。於時冰皮始解，波色乍明，鱗浪層層，清澈見底，晶晶然如鏡之新開，而冷光之乍出於匣也。山巒爲晴雪所洗，娟然如拭，鮮妍明媚，如倩女之靧面〔注一〕而髻鬟之始掠也。柳條將舒未舒，桑梢被風，麥田淺鬣寸許，游人雖未盛，泉而茗者，罍而歌者，紅裝而蹇者，亦時時有。風力雖尚勁，然徒步則汗出浹背，凡曝沙之鳥，呷浪之鱗，悠然自得，毛羽鱗鬣之間，皆有喜氣，始知郊田之外未始無春，而城居者未之知也。〔注二〕夫能不以游墮事，而蕭然於山石草木之間者，惟此官也。而此地適與余近，余之游將自此始，惡能無紀。己亥之二月也。

釣魚臺記

于奕正

近都邑而一流泉，古今園亭之矣。一園亭主易一園亭名，泉流不易也。園亭有名，里井人俗傳之。傳其初，主人有名，薦紳先生雅傳之。傳其著者，泉流則自傳。偶一目，園亭主慎善主之名，聽土人游。聽游者，出阜城門南十里花園村，古花園，其後村，今平疇也。金王鬱釣魚臺，臺其處鬱。前玉淵潭，今池也。有泉涌地出，古今人

〔注一〕「靧」，原本爲「靦」，據改。

〔注二〕「知」，原本爲「有」，據《幾輔通志》卷九十八改。

因之，鬱臺焉，釣焉，釣魚臺以名。元丁氏亭焉，玉淵以名其亭。馬文友亭焉，酌焉，醉斯舞焉，飲山亭、婆娑亭以自名。今不臺亦不亭矣。堤柳四乘，水四面，一渚中央，渚置一榭，水置一舟，沙汀鳥閑，曲房入邃。藤花一架，水紫一方，自萬曆初爲李戚畹别墅。

重修府學碑記

李楨〔注一〕

歲在庚寅，余丞順天府，學校其專職也，始謁先師，講于堂。目廟學剥蝕特甚，余殊惻之。已而暑雨彌旬，至於秋七月，廡廟齋諸祠舍胥壞，不

可居祭，橇行水土中。余殊惻之，乃問兩附邑以修飭，狀咸縮朒無以應。余曰：「嗟哉！乏亦至此乎。」粤永樂改建之後，嘗三修拓之，稱鴻制云。亦越有年，萬曆庚辰歲益繕構之，費至二千緡，今僅十稔爾，何傾圮若是。豈侈心者事不堅，而督以攻之者非其人也。今余何辭！于是謀之堂長朱秉器公。公報曰：「可爰括羨鍰於諸屬郡邑，或十餘金，或七八金，得二百餘鍰，余捐薪稍佐之。」始於歲八月中旬，十月朔告襄事。是日也，瞻行鄉飲酒禮，雍容齋遨，無敢嘩以亂。執

【注一】「楨」原本爲「貞」，據〔萬曆〕《順天府志》改。

事印而瞻，頫而盼，廟廡跂立，堂齋聳觀，櫺星戟門，文山、鄉賢、名宦諸祠，儵煥然義禮之區矣。於是諸博士弟子員來徵文，余諗之曰：「余加意於斯修也，而豈徒哉。夫京師四方之極也，孔子萬世之極也。方極定，則寄象鞮譯之衆，皆得以來學；〔注一〕世極明，則佛老技術之流，弗得以干正。故重京師以正四方，崇孔子以惠萬世，禮固然也。昔吾孔子祖二帝，宗三王，律時襲土，辟如天地四時日月，而賢如顔氏之子亦嘆其不可及，不可爲。象宜其已甚難行矣。既考其爲，事君盡禮，事親盡心，盡禮則忠，盡心則孝，忠則天下萬世之爲臣者取裁，孝則天下後世之爲子者取準。譬之天地之有四時，日月無不流行，無不臨照，然樞紐所在，必有極以斡旋之，諸凡萬象萬形，森羅於中天，九州内外者，不能外焉。故孔子太極也，京師治教之極也。欲四方之風動，必自京學始。欲京學之教端，必自孔子始。欲孔子之學明，必自忠孝始。殿曰『大成』，堂曰『明倫』，儲生之仰思之，俯察之，舍天下之達道末由矣。當雨甚日，余曾暫憩於大悲閣，上棟下宇，内

〔注一〕「皆得以來學」，〔萬曆〕《順天府志》作「弗得以亂華」。

宮外墻，巍然帝王丕居矣。其六百七十七函之藏經，絲繒金碧，燿燿耳目。其爲頭佗者焚洗而展誦之，市井黎龐，偕竭資以供之。余嗟咨者三，徬徨者再，何獨吾儒不然乎？夫异教之倡，正教之衰也。起於人心，闡於風化，故身任立極之君子，當思所以返之矣。文成竊附建寧、盧陵、淳安三公後，鎸石堂左，用備參考云。」是役也，成勞在縣丞盧茂、劉鳳翔，其省勸綜核，則寅友蔡倅桂也。若大興知縣王建中、宛平知縣沈榜、教授李士登、陳九官，訓導滕濟倫、楊時中、李芳、馬科、管大武、陸楨、李桂，偕遹觀厥成者。記之。

明大京兆劉宗周置順天府學學田碑記

金鉉

觀頤之道，與屯蒙始終，天地養萬物一而已矣。觀其所養，聖人事也，則有輕重大小焉。其曰政爲養民，又曰養賢，以及萬民，不亦彰厥叙哉。凡厥正人式穀者必富之，既有德有造，咸協於極，而後俾一夫舉獲所焉，爾德遍矣。故周官司徒職敷典，擾民必先辨廣輪之數，樹之田主，憂天下之生而不使自憂其生，生然後因物施教，德

行藝次第布焉。其樂育人才也，則口中心好之，曷飲食之，而士之受茲介福也，則曰「彼君子兮，不素餐兮。」是以士之康色好德者，菁菁焉如莪也。至若建學國中，明人倫，爲天下表，其篤志鞠育，意宜錫百朋矣。有聲之歌，斯可以觀。當是時也，王者固求賢審官，愛士如慈母。而爲之卿大夫者，則皆應彼陰鶴不靳好爵之縻，勿敢以鳌有取禾，庭有縣貆，而無逴厥類也。後世并牧庠序，各有司存，發蒙由頤，遂分其職。維時食禄之家，幸竊嵩高，以爲適故然耳，漫言惟士有恒，不復致盧，其仰事俯畜，碩鼠之風，恬於其身，一篋之羞，不以享士。雖士之弘毅有力者，蔬水自貞，不可以易志，而舍爾靈龜，觀我朵頤者，比比皆是。宜「青青子衿」與「坎坎伐檀」之并歌於世也。明興，立學育才，稽古爲重，爰置弟子員，月各石餼以爲鴻漸資。迨後化成天下，棒楛濟濟，議廣議附，大官不可以概供，間有君子心乎？尊賢撫士者，當父母師保之任，或置田畝，以豐弟子之匱者有之，其亦古可農養必先教之意耶！乃有鼓倡至義，萃小共大共，因以其羸，弘養士之

藉者，則京兆劉公之功於今爲烈。公立朝三十年，大節清風，今世罕有其比。海内無賢愚，莫不景行行止矣。今上御極，特命公釐保畿甸。時值震驚，軍興旁午，公所以服人以德，畏人以威，志篤忠貞，襄聖天子，光乃武乃文之功者，無所不至。彼都人士感公蹇蹇之誼，出涕咨嗟，各輸所有，以佐軍需。迨三輔晏然，而爲資尚芃芃侈矣。公乃加意造士，憂其生生，仰奉德音大焕，授餐之澤，古所謂體萬物於厥躬，而憂先天下者，其在斯人歟？鉉生雖晚，得沐公之化，而佩公之德，且望公之盛德大業，日弘濟於天下，令物物得其養，如《易》、《詩》、《書》、《周官》之所云者，豈止爲茲事，識不朽哉。則茲事固其端也已。